SUR

LES RENTES DOMANIALES

ET PARTICULIÈREMENT SUR LE

Décret du 19 Décembre 1851.

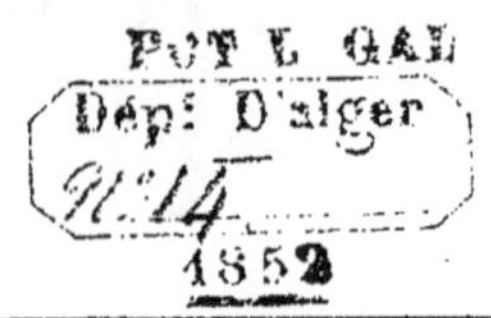

Sur les Rentes domaniales

et particulièrement
SUR LE DÉCRET DU 19 DÉCEMBRE 1851.

Voici le texte de ce Décret :

Le Président de la République ,

Vu l'ordonnance du 2 janvier 1846 , art. 94 , sur l'admission en non-valeur des sommes irrecouvrables ;

Sur la proposition du Ministre de la Guerre.

Décrète :

Art. 1er. — Toutes rentes constituées en Algérie au profit du domaine , pour prix de vente ou de concession d'immeubles , ou pour cession de droits immobiliers, sont et demeurent réduites de moitié, ainsi que l'a statué l'art 1er du décret du 21 février 1850.

Art. 2. — Tout débiteur d'une rente ainsi réduite qui s'engagera envers le domaine , à une époque quelconque, à se libérer de sa dette pour le remboursement du capital, calculé conformément à l'ordonnance du 1er octobre 1844 , sera admis à effectuer ce remboursement en huit ans, par annuités égales.

Art. 3. — Ces annuités commenceront à courir du 1er janvier de l'année où l'engagement en capitalisation aura été souscrit.

Elles ne porteront pas intérêt et seront exigibles année par année , au 31 décembre de chaque année.

Dans le cas où un à-compte aurait été payé sur les arrérages de rentes afférentes à l'année pendant laquelle aura été souscrit l'engagement en capitalisation , le montant de cet à-compte sera imputé à valoir sur l'annuité du capital qui sera dû au 31 décembre suivant.

Art. 4. — Faute par le débiteur du domaine d'acquitter avant le 31 décembre de chaque année le montant, soit de la rente, soit de l'annuité de capital échue, l'acquéreur primitif, le détenteur, les acquéreurs intermédiaires et les créanciers hypothécaires seront admis, conformément aux dispositions de l'art. 4 de l'ordonnance du 11 juin 1847, mais seulement pendant 30 jours, à payer toutes sommes exigibles et à jouir du bénéfice des deux articles précédents.

Les tiers qui auront effectué ledit paiement seront subrogés par la quittance aux droits de l'Etat.

Art. 5. — A l'expiration du délai de 30 jours sus-indiqué, et à défaut de paiement par le débiteur du domaine, ou, au lieu et place de celui-ci, par les tiers sus-mentionnés, le recouvrement des arrérages de rente dus et du capital de cette rente, ou quand il y aura eu engagement en capitalisation, le montant de l'annuité échue et des annuités restant à échoir, sera poursuivi par toutes les voies de droit, y compris l'expropriation-forcée.

Art. 6. — Les engagements en capitalisation, souscrits en vertu des décrets des 21 et 22 février 1850 et 25 juin 1851, recevront leur effet, à partir du 1er janvier 1852, sans que les parties intéressées aient besoin de les renouveler.

Art. 7. — Est maintenu l'escompte de 5 p. 0/0 par an, accordé par l'art 3 du décret du 22 février 1850, à tout débiteur d'une rente foncière qui, après avoir contracté l'engagement de rembourser le capital de cette rente en huit annuités égales, anticipera sa libération.

Le droit à cet escompte est acquis toutes les fois que le paiement par anticipation est effectué avant l'expiration du premier trimestre de chaque année.

Art. 8. — Le montant des arrérages de rentes foncières dus pour les années 1848, 1849, 1850 et 1851, est admis en non-valeur, comme ceux afférents aux années 1847 et antérieures.

Art. 9. — Est également admis en non-valeur le montant des annuités 1850 et 1851 dues par les débiteurs qui auront souscrit antérieurement au 31 décembre prochain, l'engagement de rembourser en huit annuités le capital de leurs rentes.

Art. 10. — Il sera fait fait compte des sommes payées, soit à titre d'arrérages de rentes, soit à titre d'annuités de capital, postérieurement au 1er janvier 1848, et le montant en sera imputé aux comptes des débiteurs comme avances sur les termes à échoir.

Art. 11. — Les décrets des 21 et 22 février 1850, et 25 juin 1851 sont abrogés en ce qu'ils ont de contraire au présent décret.

Art. 12. — Le ministre de la guerre est chargé de l'exécution du présent décret.

Fait au Palais de l'Elysée-National, le 19 décembre 1851.

LOUIS-NAPOLÉON BONAPARTE.

Le Ministre de la Guerre,
A. DE SAINT-ARNAUD.

Les quelques lignes qu'on va lire, ne sont pas une interprétation du décret du 19 décembre 1851, relatif aux rentes domaniales ; ce décret n'en a pas besoin ; il est clair et précis ; il comprend les prescriptions de ceux des 21 et 22 février 1850, mais seulement dans celles de leurs dispositions qui ne sont pas abrogées ;

Il prolonge le délai accordé pour le remboursement du capital de ces rentes ;

Il libère les redevables de toutes dettes pour les années 1848, 1849, 1850 et 1851.

Il établit les catégories de ceux qui depuis 1848, ont payé des arrérages de rentes, et de ceux qui ont payé des annuités du capital pendant les années 1850 et 1851 ;

Enfin il indique l'imputation à faire des sommes qui depuis les décrets des 21 et 22 février 1848, ont pu être payées soit en annuités de rentes, soit en annuités de remboursement du capital.

Ces diverses stipulations ont paru aux yeux de quelques personnes avoir besoin de commentaire ; ces personnes n'en ont pas compris d'abord le mode d'application ; à mon avis, elles sont dans l'erreur.

Ce n'est donc pas un commentaire de ce décret que je publie, c'est une simple explication, aussi simple que le décret lui-même, c'est un court développement, c'est un tableau de l'application qui doit en être faite et qui le sera certainement.

Il est facile de démontrer en deux mots que l'on ne peut autrement comprendre et appliquer ce décret.

Les 21 et 22 février 1850, on nous disait :

1° Que tous les arrérages jusques et y compris l'année 1847, étaient admis en non-valeur, c'est-à-dire que tous ceux qui en étaient débiteurs, en étaient déchargés.

2° Qu'à partir du 1er janvier 1848, les rentes étaient réduites de moitié en capital et intérêts.

3° Que les échéances de 1848 et 1849, seraient payées sous le bénéfice de cette réduction.

4° Qu'à partir du 1er janvier 1850, les débiteurs avaient le droit de faire une soumission pour rembourser le capital en huit annuités égales : le tout sans intérêt.

Cette faculté de déclarer qu'on voulait rembourser le capital, était limitée à l'année 1850.

Rien de plus clair que ces dispositions.

Aujourd'hui on nous dit, par le décret du 19 décembre 1851;

1o Que les annuités admises en non valeurs, précédemment arrêtées, à fin décembre 1847, sont accrues des quatre suivantes : 1848, 1849, 1850, 1851.

Les débiteurs de rentes domaniales sont donc déchargés de toute dette jusqu'au 31 décembre 1851.

Première catégorie : Ceux qui n'ont rien payé jusqu'à cette dernière date, sont entièrement déchargés des arrérages qui ont couru jusqn'à cette dernière date.

2o Que les engagements souscrits avant le 1er janvier 1852, pour le remboursement du capital, par annuités de huitième, continueront à produire leur effet, mais avec cette différence que les échéances en sont retardées, la première seulement audit jour 1er janvier 1852.

Deuxième catégorie ; qui difère peu de la première, mais qui a sagement prévu le cas qui peut se présenter, et qui ne laisse aucun doute sur l'esprit bienveillant du décret.

L'Etat veut formellement libérer les débiteurs de toutes sommes qui ont pu courir à leur préjudice, soit en annuités d'arrérages, soit en annuités du capital par huitième jusqu'à fin décembre 1851.

3o Que ceux qui ont payé avant le 31 décembre 1851, des sommes quelconques, soit à titre d'arrérages de rente, soit à titre d'annuités du capital, seront crédités de ces sommes à valoir sur l'avenir.

Troisième catégorie ; Cela ne pouvait être autrement ; le décret ne pouvait pas dire, que ceux qui n'avaient rien payé, par conséquent les plus inexacts, profiteraient du bénéfice du décret ; et que ceux qui avaient mis plus d'exactitude à se conformer aux précédents décrets, seraient privés de ce bénéfice ; l'injustice eut été criante; — le décret ne devait pas le dire : — il ne l'a pas dit.

En cela, il a été plus juste que celui du 21 février 1850, qui n'a profité pour les arrérages antérieurs à 1848, qu'à ceux qui n'avaient pas payé.

On nous dit encore que selon le décret du 21 février 1850, les rentes sont et demeurent réduites de moitié.

Que les débiteurs de rente, auront la faculté, à une époque quelconque, de souscrire une soumission s'ils ne veulent pas continuer à supporter le service de la rente, pour rembourser le capital en huit annuités égales et alors sans intérêt.

De plus que ceux qui dans le courant du mois de janvier, février ou mars, paieront l'annuité d'un huitième du capital de cette même année, jouiront d'un escompte de cinq pour cent ; Enfin que tout paiement d'un huitième du capital qui aura été anticipé, jouira de l'escompte de cinq pour cent pour chaque année d'anticipation, le tout selon les décrets des 21 et 22 février 1850, mais seulement sous la condition que le paiement sera fait pendant le cours du premier trimestre de l'année.

Tout cela est si clair, si évident, que je croirais abuser du temps que l'on pourra mettre à me lire, si j'y ajoutais un seul mot.

Reste à vider la question relative à l'imputation prescrite, des sommes payées pour 1848, 1849, 1850 et 1851, soit à titre d'arrérages des rentes, soit à titre d'annuités du remboursement du capital, et c'est d'après les demandes valgairement faites, ce qui parait avoir été le moins bien compris.

Je le répète, c'est une erreur, cette portion du décret est aussi claire que les autres.

L'article 10 du dernier décret, dit que les sommes payées postérieurement au premier janvier 1848, *seront portées au compte des débiteurs et que le montant en sera imputé comme avances sur les termes à échoir.*

Ainsi à partir du 1er janvier 1848, ceux qui ont payé des annuités de rentes ou des annuités du capital se trouvent déchargés d'autant, à partir du 1er janvier 1852, ils sont censés avoir payé, ils ont payé effectivement jusqu'à courrence des sommes antérieurement versées, tout ce qui deviendra exigible à partir du 1er décembre 1852, soit en annuités de rentes, soit en annuités du capital. Voilà l'imputation telle que le détermine le décret.

Pour rendre ce raisonnement sensible, il suffit de poser quelques chiffres qui fixeront les idées, de manière à ne laisser aucun doute dans l'esprit de personne.

Je suppose une rente annuelle de 800 fr. au capital de 8,000.

Par les décrets des 21 février 1850 et 19 décembre 1851, le débiteur profite de la réduction de moitié, c'est-à-dire qu'il ne doit plus qu'une rente de 400 fr. au capital de 4,000 fr.

S'il entend continuer à servir la rente, et il en a faculté, et qu'il ait payé les années 1848, 1849, 1850 et 1851, ou seulement l'une ou plusieurs de ces quatre années, il se trouvera avoir payé à partir du 1er janvier 1852, autant d'annuités de rentes à échoir, qu'il en a payé auparavant, et, s'il a payé ces quatre années, il se trouve de plein droit libéré des années 1852, 1853, 1854, et 1855 ; il n'a plus rien à payer qu'en 1856.

Au contraire s'il entend rembourser le capital par annuités de huitièmes, le capital dont il est débiteur, se trouve avoir décru d'une somme égale à celles qu'il a payées depuis le 1er janvier 1848.

Etablissons des chiffres ; ce n'est pas un mal lorsqu'on parle à l'esprit, de parler aussi aux yeux.

Suivant le dernier décret, le débiteur d'une rente de 800, réduite à 400 francs, doit à l'Etat un capital de 4,000 qu'il s'engage à lui rembourser par huitième de la manière suivante :

En 1852. 500		
En 1853. 500		
En 1854. 500		
En 1855. 500		
En 1856. 500	4,000	
En 1857. 500		
En 1858. 500	(le tout sans intérêt.)	
En 1859. 500		

Mais il a payé, en 1848, pour l'annuité de rente de cette même année 400
En 1849, pour le même objet 400
En 1850, pour un premier huitième du capital. . 500
En 1851, pour le même objet 500

Total. . . . 1800

Sans que son engagement ait cessé d'exister. il se trouve avoir payé :
Pour l'annuité de 1852. 500
Pour celle de 1853. 500
Pour celle de 1854. 500
A valoir sur celle de 1855 300

Total. . . . 1800

Voilà l'emploi des sommes qu'il a versées depuis le 1er janvier 1848, et l'imputation qui lui en est faite. S'il a payé moins de

4,800 , c'est d'autant moins qui lui est imputé sur les échéances postérieures au 1er janvier 1852, et si enfin il a payé plus de 4,800 francs (et il y en a qui sont dans ce cas) il se trouve libéré d'autant plus sur tout ce qui doit échoir à partir du 1er janvier 1852.

On comprend que les calculs que j'ai faits sur une rente de 400 francs, s'appliquent à toute autre rente que ce soit, d'un chiffre différent.

Si au contraire, il ne s'agit pour lui que du service de la rente, les arrérages qui échoiront à partir du 1er janvier 1852, se trouveront éteints d'une somme égale à celle versée avant cette date, et il pourra se dispenser de faire aucun versement jusqu'à l'époque correspondante à celle où les paiements précédents lui auront profité par voie d'extinction.

Voilà l'analyse exacte du décret du 19 décembre 1851 ; il est impossible qu'on en dise autre chose, et on aurait beau en torturer l'esprit ou les paroles, il serait impossible d'en faire une autre interprétation.

Maintenant voici quelques observations relatives à des omissions de détails que diverses personnes croient avoir remarquées, mais qui à mon avis, n'existent pas.

Pour celui qui paiera à l'avenir par annuités de rentes, et qui a effectué les versements que j'ai admis pour exemples, il est bien évident que pour 1852, 1853. 1854 et 1855, il n'aura rien à payer.

Pour celui qui paiera par annuités du capital, sera-t-il tenu de continuer à payer son huitième de 1852 et années suivantes. sauf à ce que les sommes par lui versées pendant les quatre années précédentes, ne lui soient imputées que sur les dernières échéances, ou bien sera-t-il dispensé d'aucun versement juqu'en 1855, époque à laquelle, selon le tableau ci-dessus, il restera débiteur de 200 fr.

La réponse n'est pas douteuse.

L'art. 10 du décret, veut que l'imputation des sommes versées soit faite sur les termes à échoir,

Or, qui dit *les termes à échoir*, dit *les premiers termes à échoir*.

Et si l'on pouvait élever quelque doute sur ce point, ce qui me semble impossible, la question des escomptes que l'on accorde pour l'anticipation des paiements, lèverait les difficultés.

En effet, aux termes du décret, les annuités du capital jouissent d'un escompte de cinq pour cent par an , lorsque le versement est fait dans le premier trimestre de l'année.

Celui qui n'a rien payé jusqu'au 1 janvier 1852, et qui, dans les trois premiers mois aura versé son premier huitième, jouira d'un escompte de cinq pour cent, et on voudrait que celui qui a payé deux ans auparavant, fut renvoyé en 1856, et jusque-là sans intérêt ?

Non celà n'est pas possible , et il faut ajouter que celui qui a payé ses deux annuités de rentes de 1848 et 1849 , plus les deux annuités du capital de 1850 et 1851, et qui continuera sans interruption en 1852, devra sur cette année et les suivantes, profiter de la réduction d'autant de fois cinq pour cent, qu'il aura anticipé d'années le paiement précédent.

S'il paie avant l'expiration des trois premiers mois en 1852 , on lui devra 20 pour cent et s'il ne paie qu'après l'expiration de ce trimestre on lui devra 15 pour cent, et ainsi de suite des autres années , jusqu'à l'extinction de l'imputation des sommes par lui versées avant le 1er janvier 1852.

Ce que je dis là me paraît parfaitement vrai, car je viens d'établir que jusqu'en 1855, il ne doit rien en capital ni intérets, ou s'il a payé en 1851, il a anticipé son paiement de quatre années 1851, 1852 , 1853 et 1854, et il est formellement dit chaque année d'anticipation jouit d'un escompte de 5 pour cent. Or quatre fois cinq pour cent font vingt pour cent.

Ceci ne saurait être révoqué en doute, et si le décret ne le dit pas en termes exprès, il dit que toutes les clauses des décrets des 21 et 22 février 1850, qu'il n'abroge pas sont maintenues.

Or les décrets accordent l'escompte de cinq pour cent, autant de fois qu'on anticipe d'années les paiements des huitièmes, et c'est la conséquence forcée de l'ensemble des trois décrets.

On me reprochera peut-être que je recherche avec trop de soin l'intéret des redevables à l'encontre de la caisse des Domaines; j'accepte ce reproche et si on me le fait, je serait satisfait de me l'être attiré.

Oui je recherche l'avantage des redevables , et puisque je m'occupe des trois décrets , il est de mon devoir d'en étudier l'esprit.

Leur esprit a été de faire aux débiteurs de rente, de grands avantages, les plus grands avantages possibles ; ce sont de ces mesures qui émanent d'un gouvernement intelligent.

Ces décrets font du bien, beaucoup de bien à une classe nombreuse de propriétaires et ils ne nuisent à personne, ils ne mécontentent personne, ce qui est bien rare dans les actes d'un gouvernement en matière d'économie politique.

Pourquoi voudrait-on les détourner de la voie dans laquelle ils sont loyalement entrés.

Sans doute quelques personnes blâment l'administration et les employés du Domaine de favoriser l'esprit de bienveillance, la libéralité du gouvernement en ce qui concerne les propriétés de l'Etat, je ne partage point cette opinion, j'ai une bien meilleure idée de messieurs les fonctionnaires et employés du domaine, et je dis que si telle est leur conduite, ils sont dignes d'éloges.

Les comtempteurs des actes de libéralité, qui émanent du Gouvernement, reprochent à l'administration d'avoir la main trop douce et trop légère. Le Domaine, disent-ils, éprouve fréquemment des pertes considérables, il ne défend pas assez rudement ses intérets, il doit agir comme un simple particulier. Est-ce que ces personnes ont jamais eu de rapports avec cette administration ?

Je voudrais bien que l'on me dit en quoi consiste l'intérêt du Domaine; moi, je crois que moins il possède, plus l'Etat est riche et qu'il ne doit être que le lit du fleuve où coulent les largesses de l'Etat.

En thèse générale, en France surtout, je modifie cette opinion, mais l'Algérie n'est pas la vieille France, c'est la France nouvelle, pays essentiellement d'exception, ce que l'on nous aurait surabondemment prouvé, si nous n'en étions déjà convaincus; c'est un pays où il y a tout à fonder, tout à faire, il ne suffit pas d'y attirer la population, il faut l'y attacher, et après le lien de la famille, quel est le plus fort que celui de la propriété?

Le Gouverment donne gratuitement des terres à d'innombrables personnes, il les encourage pas d'autres moyens de secours et d'appui, il comprend que les particuliers attachés au sol, constituent le fondement de la richesse publique et que nul ne peut s'y attacher lorsque la possession en est trop chère, trop onéreuse. Nous l'avons vu accorder des concessions importantes sans que le concessionnaire eut à délier la bourse et quelque fois même il y a ajouté de l'argent: nous l'avons vu distribuer la propriété de toutes mains et avec largesse; il a suivi en cela le bon exemple donné par d'autres nations civilisées; selon moi et selon beaucoup d'autres il a fort bien agi et il a mérité des éloges; mais si on avait à faire une comparaison, ce serait peut-être au profit de ces nations, ce qui prouverait peut-être qu'il aurait pu être plus large dans les dons qu'il a faits de la propriété publique.

Ce que notre gouvernement a fait de bien en ce genre, il faut l'en féliciter et l'encourager à en faire encore davantage.

L'administration du Domaine en Algérie, n'est qu'une dépendance du gouvernement, et elle fait admirablement bien si elle seconde cet esprit.

Au fait, quel est le sujet dont je m'occupe ici ? c'est la réduction des rentes domaniales ; or ces rentes ne sont-elles pas la représentation de la propriété ? Les décrets sur lesquels je viens d'argumenter, ne disent-ils pas qu'il s'agit *des prix de ventes ou de concessions d'immeubles ou de cessions de droits immobiliers*, et les rentes ne sont-elles pas l'équivalent des biens domaniaux qui en ont fourni la matière ?

Et alors pourquoi ces biens seraient-ils frappés d'incapacité ? Pourquoi seraient-ils la ruine de ceux qui les possèdent, tandis que les autres biens, également domaniaux, enrichissent ceux à qui depuis si longtemps, et aujourd'hui encore on les donne, doivent-ils être privés de l'appui que le gouvernement prétend accorder à tous, d'après le principe d'une justice égale ?

Mais voyez cette considération sur laquelle on passe d'une façon trop superficielle. Les acquéreurs à rente de biens domaniaux, ont tous payé un nombre plus ou moins grand des années écoulées ; ils ont payé d'énormes droits d'enregistrement calculés sur les rentes consenties pour le plus grand nombre à des prix excessifs, quelquefois fabuleux, et capitalisées à la grande surprise de tout le monde, à cinq pour cent, tandis que l'intérêt légal n'a jamais été inférieur à dix pour cent. N'est-il pas permis de dire qu'ils ont payé un double droit ?

Eut-on aboli entièrement la totalité des rentes en capital et intérêts, jamais la condition de ceux qui possèdent les biens objets de ces rentes, n'aurait été aussi favorable que celle des concessionnaires innombrables à qui on donne les terres pour rien, et à moins que l'on ne veuille établir des distinctions de personnes, ce qui n'est ni dans l'esprit de la justice ni dans celui du gouvernement, chacun peut prétendre à une égalité de faveurs.

Le gouvernement serait bien avancé, vraiment, si au lieu d'avoir adopté les sages mesures dont je parle, il avait contraint les possesseurs par la rigueur des poursuites, à faire l'abandon des biens vendus à rente perpétuelle.

Ces biens, une fois rentrés dans ses mains, qu'aurait-il pu en faire ? Les concéder à d'autres à des conditions moins avantageuses pour lui. Dans la situation des acquéreurs aucun d'eux ne comptait sur une possession sérieuse, et chacun s'attendait à en être évincé.

Les biens en la possession du Domaine, ne peuvent pas être en plus mauvaises mains, pires cent fois que les biens de main-morte, qu'avec tant de raison on a abolis ; au moins si ces biens n'étaient pas dans le commerce, les corporations auxquelles ils appartenaient, les cultivaient, en tiraient un parti quelconque. Mais le Domaine est incapable, il est dans l'impossibilité de les cultiver, même de les entretenir ; dans ses mains il ne faut pas voir des biens de main morte ; il faut y voir des biens morts.

Voyez ce qui arrive à l'occasion des terres de la plaine dont on fait la délimitation en vertu de l'ordonnance du 21 juillet 1846, et dont on annule les titres avec tant de complaisance, on en dépossède les acheteurs, après quoi qu'en fait-on ? J'en connais des masses qui sont abandonnées depuis plusieurs années après l'annulation des titres.

Bien certainement, une telle ordonnance ne serait pas rendue aujourd'hui.

Je ne blâme pas la disposition qui ordonne les délimitations, quoique dans son exécution elle ait présenté des difficultés et des inconvénients graves, mais les conditions imposées aux titres que l'on devait produire, conditions impossibles à remplir, ont un caractère qu'il faut s'abstenir de qualifier, et qui devrait épouvanter ceux qui sont saisis de cette triste juridiction.

Il faut donc féliciter le gouvernement de la sagesse qui l'a inspiré à l'occasion des rentes domaniales ; il faut aussi féliciter l'administration des domaines d'avoir su entrer, joyeusement comme elle l'a fait, dans cette voie salutaire, et la supplier d'être en garde contre les suggestions contraires; c'est par ce moyen qu'elle a eu l'habileté d'écarter la critique et de se faire un si grand nombre d'amis et de partisans, comme chacun sait.

Le but que je me suis proposé quand j'ai pris la plume, ne rendait pas indispensable les réflexions que je viens d'émettre, c'était au fond, plutôt une affaire de chiffres que de raisonnement, mais les chiffres peuvent avoir aussi leur moralité, et j'ai cru important de rechercher l'esprit, l'essence, l'âme de ces décrets, afin de démontrer que si le dernier surtout pouvait devenir l'objet d'une controverse possible, d'une interprétation moins favorable que je ne l'ai pensé, ce que je ne crois pas, le sentiment qui les a inspirés, qui est empreint dans toutes leurs parties, vint porter la lumière dans les esprits indécis.

Je pense donc qu'au moyen des indications qui précèdent, les prescriptions de ce décret seront facilement comprises, et que chacun pourra, faisant à l'avance son calcul, arriver à la recette des Domaines, avec son bordereau réglé par anticipation, sans craindre d'erreur, et la somme exacte dont il sera débiteur, dans les mains.

Blidah, le 20 Juin 1852.

MONTAGNE PÈRE.

Ancien administrateur.